coleção TEMAS DE BIOLOGIA

Drogas
Você faz seu caminho!

Ernesto Birner

Licenciado em Ciências Biológicas
pelo Instituto de Biociências da
Universidade de São Paulo,
Professor de Biologia na cidade de São Paulo.

Armênio Uzunian

Mestre em Ciências, na área de Histologia,
pela Universidade Federal de São Paulo.
Médico pela Universidade Federal de São Paulo.
Professor e Supervisor de Biologia
em cursos pré-vestibulares da cidade de SãoPaulo.

CB043364

editora HARBRA

Direção Geral:	Julio E. Emöd
Supervisão Editorial:	Maria Pia Castiglia
Revisão de Texto:	Jamir Martins
Editoração Eletrônica:	Mônica Roberta Suguiyama
Auxiliar Editorial:	Darlene Fernandes Escribano
Capa:	Lummi Produção Visual
Fotografia da Capa:	Claudia Kunin/Getty Images
Impressão e Acabamento:	Digital Page Gráfica e Editora Ltda.

DROGAS – Você faz seu caminho!
Copyright © 2014 por **editora HARBRA ltda.**
Rua Joaquim Távora, 629
04015-001 São Paulo – SP
Vendas: (0.xx.11) 5549-2244, 5571-0276 e 5084-2403. Fax: (0.xx.11) 5575-6876
Divulgação: (0.xx.11) 5084-2482 (tronco-chave) e 5571-1122

ISBN (coleção) 85-294-0142-3
ISBN 85-294-0143-0

Impresso no Brasil   *Printed in Brazil*

Conteúdo

Apresentação 4

DEPRESSIVAS, ESTIMULANTES, PERTURBADORAS! 5

AS DEPRESSIVAS 7
O Álcool 7
O Tabaco 14
Os Opiáceos 18
Os Barbitúricos 22
Os Solventes 24

AS ESTIMULANTES 27
As Anfetaminas 27
A Cocaína 30
O Crack 32

AS PERTURBADORAS 37
A Maconha 37
O LSD-25 40
O Ecstasy 43

Uso na vida de qualquer droga (exceto tabaco e álcool) entre alunos
da rede estadual 45

Apresentação

Como se explica que muitos médicos, sabendo dos malefícios do cigarro, são fumantes inveterados? É porque, hoje, são viciados. Quando começaram a fumar na adolescência – por imitação, curiosidade, afirmação, prazer ou simplesmente para fazer parte de um grupo –, foram alertados para os problemas de saúde que estariam sujeitos. No entanto diziam: "não há problema, eu nunca vou ter um enfisema pulmonar, eu paro de fumar quando eu quiser..." Muitos pararam depois do enfisema pulmonar, devido ao susto; outros, nem assim, tal o grau de dependência.

Isso se aplica também ao consumidor adolescente de maconha, que diz: "maconha, tudo bem. Cocaína, *crack* não, pois estes fazem mal à saúde..." – e continua – "maconha eu paro de consumir quando eu quiser..."

Mas por que os adolescentes consomem tantas drogas, quer lícitas – como tabaco e álcool – quer ilícitas – como cocaína, *crack*, LSD etc.? A resposta não é difícil: é porque os primeiros efeitos das drogas geram prazer. Se não fosse assim ninguém, as consumiria. No entanto, não querem saber do que se segue, dos riscos ou dos efeitos devastadores.

A busca de pertencer a um grupo, do prazer na vida – o prazer de torcer pelo seu time favorito, de ouvir sua música predileta, de estar com seu namorado, de assistir a um *show*, por exemplo –, de não ser "careta", falam muito alto. Ausência de prazer na vida é como um vazio que precisa ser preenchido. Para muitos adolescentes, este vazio é preenchido com drogas.

O rótulo "careta" ou "não careta" exerce uma forte pressão coercitiva sobre os adolescentes. Na verdade, essas palavras são usadas somente pelos adolescentes. Na faixa dos 40 anos, elas são substituídas por "responsável" ou "irresponsável", pois no fundo é disso que se trata – você se operaria com um médico drogado? voaria com um piloto viciado em *crack*?

Mas é sempre bom lembrar que um viciado é um doente que necessita de ajuda profissional. Há várias clínicas que fazem um trabalho no sentido de recuperar o viciado e de afastá-lo definitivamente das drogas.

Os autores deste livro tiveram a preocupação de mostrar os aspectos prazerosos e maléficos das drogas lícitas e ilícitas e querem lembrá-lo: é possível preencher a vida com prazer sem recorrer às drogas. Para prevenir o consumo das drogas lícitas há duas armas: a informação e a sua consciência. Contra as ilícitas, além das duas, existe a lei. Esperamos que este livro o ajude a, no mínimo, refletir sobre este assunto tão atual.

Os autores

Depressivas, estimulantes, perturbadoras!

A palavra droga vem do neerlandês *droog*, que significa coisa seca, talvez folha. Antigamente, a maioria dos medicamentos era produzida a partir de vegetais. Hoje, conceituamos droga como qualquer substância que provoque mudanças fisiológicas ou comportamentais nos organismos.

As drogas psicotrópicas, ou seja, aquelas que agem sobre o psiquismo, podem ser separadas em 3 grupos distintos:

a. drogas depressivas:

diminuem a velocidade do funcionamento do cérebro.

São os tranquilizantes. Aqui podemos citar o álcool, os opiáceos (ópio, morfina, heroína), os barbitúricos, os solventes;

b. drogas estimulantes:

aceleram o funcionamento do cérebro.

Entre as estimulantes podemos citar as anfetaminas, a cocaína, o *crack* e a cafeína; e

c. drogas perturbadoras:

nem aceleram, nem diminuem a atividade do cérebro, mas apenas "perturbam" o funcionamento do Sistema Nervoso Central.

São os alucinógenos. Entre elas estão a maconha, o LSD-25 e o *ecstasy*.

Os quadros sobre a situação do uso de drogas no Brasil, que constam desta obra, foram retirados do IV Levantamento sobre o Uso de Drogas entre Estudantes, *publicado pelo* CEBRID.

O CEBRID – Centro Brasileiro de Informações sobre Drogas Psicotrópicas – fez um levantamento entre estudantes de 5ª a 8ª séries do Ensino Fundamental e dos três anos do Ensino Médio, objetivando estimar a prevalência do consumo de diversas drogas psicotrópicas entre estudantes.

A pesquisa foi realizada entre estudantes da rede estadual de dez capitais brasileiras: Belém, Belo Horizonte, Brasília, Curitiba, Fortaleza, Porto Alegre, Recife, Rio de Janeiro, Salvador e São Paulo. No Rio de Janeiro, foram entrevistados estudantes das redes estadual e municipal de ensino, pois a maioria das escolas públicas de Ensino Fundamental nessa cidade pertencem à rede municipal.

De acordo com a classificação da OMS, o uso de drogas pelos estudantes pesquisados foi dividido em cinco grupos conforme mostrado a seguir:

- *uso na vida:* quando a pessoa fez uso de alguma droga psicotrópica pelo menos uma vez na vida;
- *uso no ano:* quando a pessoa utilizou droga psicotrópica pelo menos uma vez nos doze meses que antecederam a pesquisa;
- *uso no mês:* quando a pessoa utilizou droga psicotrópica pelo menos uma vez nos trinta dias que antecederam a pesquisa;
- *uso frequente:* quando a pessoa utilizou droga psicotrópica seis ou mais vezes nos trinta dias que antecederam a pesquisa;
- *uso pesado:* quando a pessou utilizou droga psicotrópica vinte ou mais vezes nos trinta dias que antecederam a pesquisa.

Fonte: GALDURÓZ, J.C.F.; NOTO, A.R. & CARLINI, E.A. *IV Levantamento sobre o Uso de Drogas entre Estudantes de 1º e 2º Graus em 10 Capitais Brasileiras – 1997.* São Paulo: Centro Brasileiro de Informações sobre Drogas Psicotrópicas – Departamento de Psicobiologia da Escola Paulista de Medicina, 1997.

As depressivas

O ÁLCOOL

O álcool é uma droga energética rapidamente absorvida pelo estômago e pelo intestino. Uma vez no sangue, distribui-se por diferentes órgãos. A maior parte é metabolizada pelo fígado, uma pequena parte os rins eliminam, e uma parte ainda menor sai na saliva e até mesmo nas lágrimas.

O álcool contido nas bebidas é cientificamente conhecido como *etanol*, sendo produzido através de fermentação ou destilação de alguns vegetais como cana-de-açúcar, frutas e grãos. O etanol é um líquido incolor.

No Brasil, há uma grande diversidade de bebidas alcoólicas, cada qual com quantidade diferente de álcool na composição. Alguns exemplos:

Bebidas	% de Álcool
Cerveja	5
Cerveja *"light"*	3,5
Vinho	12
Vinhos fortificados	20
Uísque, vodca, pinga	40

Um indivíduo de peso médio pode queimar até 10 mL por hora de álcool, o que corresponde a 70 calorias, sem o perigo de se embriagar. Esse é o limite máximo. Qualquer quantidade acima desse limite já não é oxidada e passa a atuar diretamente sobre o Sistema Nervoso Central. Nesse caso, inicialmente o indivíduo entra numa fase de excitação – tem sensação de bem-estar, há o afastamento do nervosismo, do medo, das preocupações; enfim, a pessoa se sente mais confiante. Mas estes são só os efeitos iniciais, pois em seguida o álcool atua como anestésico e como depressor progressivo.

Cessada a fase de euforia, surgem as manifestações clínicas de uma embriaguez normal: equilíbrio físico instável (a pessoa não consegue andar seguindo uma linha reta), perda da autocrítica e do senso de responsabilidade, dificuldade para articular palavras e concatenar ideias. Falha a coordenação dos músculos dos olhos e os objetos parecem duplos (a

> Muitos acreditam que o álcool seja um estimulante sexual, mas na realidade muitos alcoólatras sofrem de impotência. O álcool "provoca o desejo, mas impede a execução", como disse Macbeth, na peça homônima de Shakespeare.

ALGUMAS RELAÇÕES ENTRE QUANTIDADE DE ÁLCOOL INGERIDA E EFEITOS FÍSICOS E PSÍQUICOS

- doses até 99 mg/dL: sensação de calor/rubor facial, comprometimento da capacidade de julgamento, diminuição da inibição, coordenação reduzida e euforia;
- doses entre 100 e 199 mg/dL: aumento do comprometimento da capacidade de julgamento, humor instável, diminuição da atenção, diminuição dos reflexos e incoordenação motora;
- doses entre 200 e 299 mg/dL: fala arrastada, visão dupla, comprometimento de memória e da capacidade de concentração, diminuição de resposta a estímulos, vômitos;
- doses entre 300 e 399 mg/dL: anestesia, lapsos de memória, sonolência;
- doses maiores de 400 mg/dL: insuficiência respiratória, coma, morte.

Obs.: em 100 mL de cerveja há aproximadamente 5 mg de álcool.

condução de um automóvel ou o simples ato de descer uma escada torna-se uma situação de perigo). A seguir, a respiração fica mais difícil, surgem náuseas e vômitos, para finalmente a pessoa entrar num sono profundo.

Ao acordar, são frequentes os sintomas de dor de cabeça, zumbido nos ouvidos, indisposição generalizada, náuseas e – muitas vezes – palpitações.

O uso abusivo e contínuo de bebida alcoólica faz que a pessoa passe a tolerar os efeitos da embriaguez normal e pode transformá-la em dependente, isto é, em um alcoólatra crônico.

DEFININDO ALCOOLISMO

Embora centenas de livros tenham sido escritos sobre o assunto e milhões de pessoas tenham perguntado: "Meu marido (ou mulher) é alcoólatra?", a definição exata de alcoolismo ainda está sujeita a debates. Geralmente há acordo quando a dependência é grave e a maioria dos componentes da síndrome de dependência do álcool estão claramente presentes. Mas não há nenhum ponto de transição nítido a partir do qual alguém que beba muito passe a ser repentinamente um alcoólatra.

A dependência alcoólica não é um fenômeno de tudo-ou-nada, mas, como a surdez ou a obesidade, apresenta-se gradativamente. Quando sabemos que uma pessoa é surda e não simplesmente meio surda? Em que ponto dizemos que uma pessoa é obesa e não roliça? Dado que a dependência ao álcool representa um contínuo que vai desde a dependência leve até a grave, não se tem nada a ganhar em concordar sobre um ponto limite acima do qual o grande bebedor seja alcoólatra e abaixo do qual seja apenas alguém com problema de bebida.

Se você estiver pensando se um membro de sua família ou algum parente próximo é alcoólatra, pergunte a si mesmo: ele está bebendo cada vez mais de ano para ano? Seu hábito de beber muito e com frequência costuma ter consequências psicológicas, sociais e físicas desagradáveis, como, por exemplo, brigas na família, acidentes ou problemas no trabalho?

Fonte: JAFFE, J.; PETERSON, R. & HODGSON, R. *Tóxicos e Outros Vícios – Problemas e Soluções.* São Paulo: Harper & Row do Brasil, 1981.

O alcoolismo crônico

No alcoolismo crônico, transformações psíquicas (isto é, ansiedade, perturbação do equilíbrio, alucinação, visões de animais), bem como tremores, perda de apetite, insônia (o que leva o indivíduo a sentir mais vontade de beber à noite), passam a fazer parte do cotidiano. As funções intelectuais, principalmente a memória e a percepção crítica, são mais afetadas e o indivíduo vira psicótico.

Depressão e suicídio são comuns entre os alcoólatras. Em alguns casos, a depressão pode ser um dos motivos que leva a beber, mas em outros ela é o *resultado* do uso abusivo do álcool. Nesse caso, a abstinência traria o alívio da depressão.

O consumo abusivo de álcool pode levar a dependência física e a degeneração de alguns órgãos como o fígado (cirrose hepática) e o coração, ao câncer esofágico e gástrico, *delirium tremens* e crises de abstinência.

Como já estão adaptados à presença do álcool no organismo, esses consumidores crônicos podem sofrer sintomas de abstinência quando param de beber. Esses sintomas são: nervosismo ou irritação, sonolência, sudorese, diminuição do apetite, tremores, convulsões e alucinações.

"Não via nenhuma cobra, mas ele dizia que elas lhe estavam subindo pelas pernas; em seguida, deu um pulo e um grito, dizendo que uma o mordera no rosto. Nunca vi ninguém parecer tão louco. Em breve estava exausto e deixou-se cair no chão, arquejando; depois, rolou sobre si mesmo, gritando e dizendo que os demônios queriam levá-lo... Pouco depois se levantou, escutou, com a cabeça pendida para um lado, e disse muito baixinho:

'Pum! Pum! Pum! são os mortos... Pum, Pum, Pum! Vêm buscar-me... mas eu não vou. Oh! já estão aqui! Não me toquem! Tirem as mãos! Estão frias! Soltem-me! Oh, deixem um pobre-diabo em paz!'

Enrolou-se no cobertor e começou a chorar."

Huckleberry Finn, descrevendo o pai.

Embora o tipo de estado delirante experimentado pelo pai bêbado de Huck possa às vezes ocorrer durante a abstinência de álcool, ele é bem raro. Mas está no cerne da concepção que o leigo tem do problema do alcoolismo. Entretanto, um aspecto muito mais comum do problema da bebida é menos impressionante e afeta milhões de pessoas em todo o mundo.

Muita gente que resiste vigorosamente ao rótulo de "alcoólatra" já perdeu algum grau de controle sobre o álcool, de uma maneira ou de outra, e muitos dentre esses indivíduos gostariam de abandoná-lo por inteiro, ou ao menos de recuperar o controle próprio. Isso se aplica tanto ao homem de família cuja esposa e filhos se estão voltando contra ele por ele beber demais, quanto à viúva solitária que perdeu amigos por causa de suas excessivas beberagens e das desagradáveis consequências disso.

Essas pessoas têm um "problema" com a bebida – gostariam de beber menos, mas não conseguem. Elas perderam, em maior ou menor grau, a liberdade de escolha e são, seja qual for o eufemismo que usemos, "dependentes do álcool".

Fonte: JAFFE, J. *et al. Op. cit.*

O álcool na gravidez

Com a emancipação, a mulher ampliou seu espaço social e começou a disputar lado a lado com o homem um lugar no mercado de trabalho. Com isso, aumentou muito sua responsabilidade, competitividade e nível de *stress*. Doenças tradicionalmente "masculinas", como infarto, acidente vascular cerebral e outras, são agora muito frequentes nas mulheres.

Seguindo a mesma tendência igualitária, a mulher cada vez mais passou a usar drogas permitidas, como o cigarro, o álcool, antidepressivos, hipnóticos etc., e também as proibidas, como a maconha, a cocaína etc. Todas estas substâncias podem prejudicar o desenvolvimento do feto durante a gravidez.

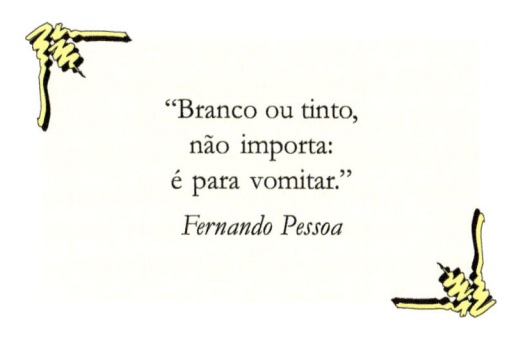

"Branco ou tinto,
não importa:
é para vomitar."

Fernando Pessoa

O álcool afeta o funcionamento da placenta gerando a **síndrome alcoólica fetal**, cujos principais sintomas são:

- inibição do crescimento pré e pós-natal;
- microcefalia;
- dismorfia facial; e
- anomalias congênitas (de coração e rins).

Dos sintomas citados, o mais importante é a inibição do crescimento. Entre 2,5% a 10% das mães alcoólicas dão à luz filhos com sintomas de síndrome alcoólica fetal.

E no Brasil?

No Brasil, o álcool é responsável por mais de 90% das internações hospitalares por dependência, além de aparecer em cerca de 70% dos laudos cadavéricos das mortes violentas, porém nem mesmo o padrão de consumo geral da população é conhecido. Sabe-se apenas por meio da literatura internacional que entre 10-12% da população mundial é dependente de álcool. Seguramente é a droga que mais danos traz à sociedade.

Entre os estudantes do 1º e 2º graus, é a droga mais amplamente utilizada, muito à frente do 2º colocado, que é o tabaco. Assim, nas dez capitais estudadas, verifica-se que o *uso na vida* está sempre acima dos 65% dos alunos pesquisados em qualquer dos quatro anos estudados (87, 89, 93 e 97), mesmo que apenas em Fortaleza se tenha observado tendência de aumento do *uso na vida* de álcool.

Em relação ao uso de álcool entre os sexos masculino e feminino, não se notam diferenças muito significativas, havendo um discreto predomínio do uso pelo sexo masculino quando comparado ao feminino. O uso de álcool tem início bastante precoce na vida desses estudantes, sendo que cerca de 50% dos alunos entre 10-12 anos já fizeram uso dessa droga.

Porém, mais preocupante é a constatação de que o *uso frequente* (uso de seis vezes ou mais no mês) apresentou aumento da tendência de uso em seis das dez capitais estudadas (Brasília, Curitiba, Fortaleza, Porto Alegre, Rio de Janeiro e São Paulo). Mais delicada ainda é a análise do *uso pesado* (uso de vinte vezes ou mais no mês), já que em oito cidades houve crescimento desse tipo de uso do álcool (apenas em Belo Horizonte e Salvador não se verificou esse aumento).

Capitais	(%)
Belém	10,7
Belo Horizonte	15,5
Brasília	15,7
Curitiba	18,6
Fortaleza	15,1
Porto Alegre	16,3
Recife	14,4
Rio de Janeiro	11,5
Salvador	17,1
São Paulo	14,7
Total	**15,0**

'Uso frequente' de álcool entre estudantes de 1º e 2º graus na rede estadual de dez capitais brasileiras. Dados de 1997.

Fonte: GALDURÓZ, J.C.F. *et al. Op. cit.*

O TABACO

O tabaco não era conhecido dos europeus nem dos asiáticos antes do descobrimento do Novo Mundo. Quando Colombo chegou às Índias Ocidentais, os índios o saudaram com folhas secas de uma planta nativa. Para eles, essas folhas eram preciosas e o presente era um sinal de estima. Colombo e sua tripulação atiraram as folhas pela amurada. Mas na ilha de Cuba os espanhóis viram os índios enrolando essas folhas em forma de tubo, pondo-lhes fogo e tragando a fumaça. Rodrigo de Jerez, um membro da expedição, tornou-se o primeiro fumante europeu e levou essa prática para a Espanha. Antes do início do século XVII, os europeus conheciam o tabaco como erva medicinal. O fumo do cachimbo tornara-se igualmente bem conhecido como hábito desfrutado por príncipes e plebeus, homens, mulheres e crianças.

Fonte: JAFFE, J. *et al. Op. cit.*

Praticamente todos sabem que o cigarro representa um perigo para a saúde do homem, e a frase "cigarro faz mal à saúde" é coisa que ninguém contesta.

Há várias substâncias existentes na fumaça do tabaco que provocam problemas para a saúde, mas as principais são nicotina, monóxido de carbono (CO), benzopireno, alcatrão e fuligem.

Doenças desencadeadas pelo tabagismo

Caso a fumaça do tabaco só ficasse na cavidade bucal, a absorção das diferentes substâncias seria muito pequena. No entanto, ao ser tragada a fumaça alcança os alvéolos pulmonares onde as substâncias maiores podem depositar-se e as substâncias menores são absorvidas e passam para os vasos sanguíneos.

A nicotina atua no Sistema Nervoso Central provocando a liberação de aminas que têm ação euforizante. São elas, provavelmente, as responsáveis pela dependência. A nicotina provoca um aumento na secreção de adrenalina, elevando a contração da musculatura do coração, das artérias e das veias. Com isso aumentam a pulsação e a pressão sanguínea.

A afirmativa "o cigarro emagrece" é verdadeira. A nicotina bloqueia a atividade do intestino e do estômago, diminui o apetite, retardando a digestão. Porém, ativa a secreção dos sucos digestivos no estômago e no intestino e, se o indivíduo for propenso a úlceras, o fumo poderá ser um fator preponderante no desencadeamento delas.

O monóxido de carbono se combina com a hemoglobina de forma idêntica à do oxigênio, só que é 210 vezes mais tenaz. O monóxido de carbono presente na fumaça do cigarro reduz em cerca de 10% a 20% a capacidade de transportar oxigênio. É por isso que nenhum atleta profissional é capaz de se manter em atividade durante muito tempo se for fumante.

O 3,4-benzopireno provoca **câncer pulmonar**. Uma pessoa fumando 40 cigarros por dia terá 60 vezes mais possibilidade de ter câncer no pulmão do que uma não fumante. Entre o início do hábito de fumar e o aparecimento do câncer de pulmão há um período médio de latência de 20 anos.

O alcatrão e a fuligem também são cancerígenos.

Na **bronquite crônica**, uma inflamação dos brônquios, o indivíduo tem tosse e expectora muito, podendo ter a sensação de afogamento e falta de ar. Estatisticamente, a bronquite crônica afeta muito mais os fumantes do que os não fumantes.

Enfisema pulmonar é uma doença onde grandes porções dos alvéolos pulmonares são destruídas. Com isso, a área total onde acontece a oxigenação do sangue fica diminuída, levando a hipoxia (diminuição da disponibilidade de O_2 para as células). O uso frequente de cigarro favorece o surgimento dessa terrível moléstia, que pode levar à morte por asfixia.

Pesquisas revelam que 2,5% da hemoglobina de não fumantes presentes em recintos fechados contaminados com fumaça de cigarros está combinada com monóxido de carbono.

O que Leva uma Pessoa a Continuar Fumando?

Seis fatores principais parecem levar os fumantes a insistir no hábito:

- obter sensação de maior energia;
- a satisfação que lhes dá segurar e acender o cigarro;
- conseguir um relaxamento agradável;
- hábito – o fumante não sente a falta de cigarros se eles não estiverem à mão, mas fuma automaticamente se estiverem, e não acha que eles o façam sentir nem um pouco diferente;
- combater sentimentos de tensão, ansiedade ou raiva em situações difíceis;
- vício – evitar a desagradável ansiedade que a ausência de cigarros produz.

O "combate à tensão" e o "vício" parecem ser os dois fatores mais importantes dentre esses, de acordo com os próprios fumantes.

Fonte: "Smoking and Health", in *DREW Publication Number (PHS) 79-50066*. Orgs. Office on Smoking and Health. Washington, D.C.: U.S. Government Printing Office, 1979.

O tabaco na gravidez

Na gravidez, a nicotina atravessa a placenta e alcança o embrião: mulheres grávidas fumantes estão "passando para o corpo do feto nicotina" que poderá provocar, entre outras coisas, a redução de peso da criança e em alguns casos partos prematuros.

E no Brasil?

O uso inicial de tabaco é bastante precoce na vida dos estudantes da rede pública de ensino, sendo que, em média, aos 10-12 anos de idade cerca de 11,6% já fizeram pelo menos uso experimental dessa substância.

O uso de cigarros é maior para o sexo masculino quando comparado ao feminino, aparecendo esse predomínio em quatro capitais (Belém, Belo Horizonte, Fortaleza e Salvador); mas, em duas capitais (Rio de Janeiro e São Paulo), o predomínio de uso se deu no sexo feminino. (...)

A tendência de aumento do *uso frequente* (seis vezes ou mais no mês) aparece em quatro capitais (Curitiba, Fortaleza, Porto Alegre e Salvador), e o *uso pesado* (vinte vezes ou mais no mês) tende a crescer em três das cidades pesquisadas (Curitiba, Porto Alegre e Salvador).

Capitais	(%)
Belém	4,5
Belo Horizonte	4,4
Brasília	5,4
Curitiba	10,2
Fortaleza	6,6
Porto Alegre	10,5
Recife	4,7
Rio de Janeiro	3,9
Salvador	5,0
São Paulo	6,4
Total	**6,2**

'Uso frequente' de tabaco entre estudantes de 1º e 2º graus na rede estadual de dez capitais brasileiras. Dados de 1997.

Fonte: GALDURÓZ, J.C.F. *et al. Op. cit.*

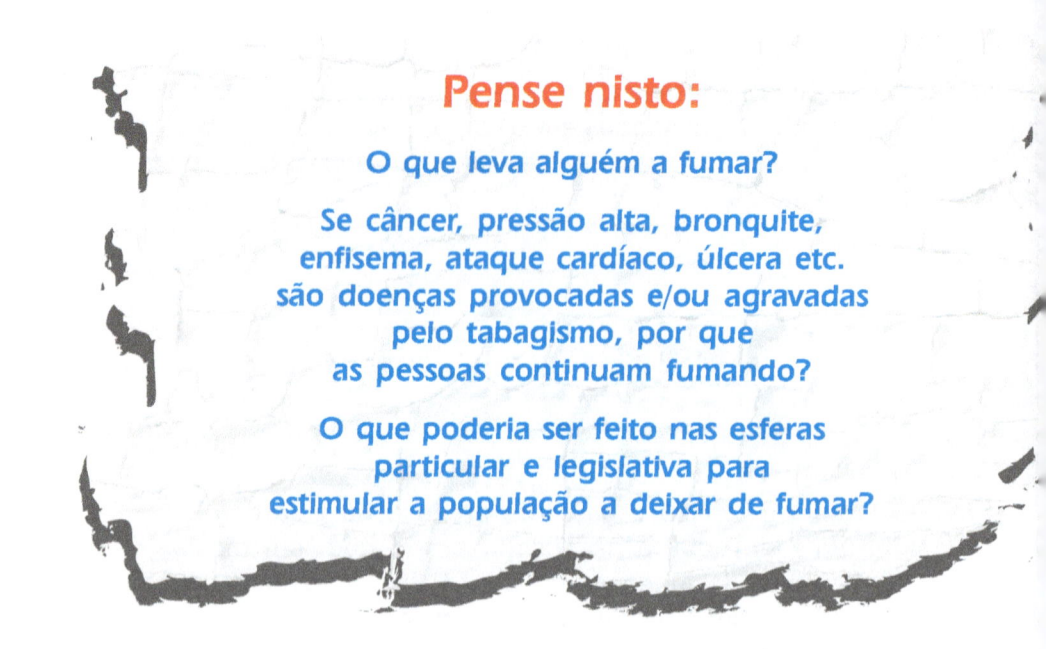

Pense nisto:

O que leva alguém a fumar?

Se câncer, pressão alta, bronquite, enfisema, ataque cardíaco, úlcera etc. são doenças provocadas e/ou agravadas pelo tabagismo, por que as pessoas continuam fumando?

O que poderia ser feito nas esferas particular e legislativa para estimular a população a deixar de fumar?

OS OPIÁCEOS

Da planta popularmente conhecida como papoula, podem ser extraídas d versas substâncias. Uma delas é retirada na forma de suco leitoso: o ópi (palavra que vem do grego e significa suco) que uma vez seco passa a cha mar-se **pó de ópio**. O ópio é formado por diversas substâncias, a mais conhe cida é a **morfina** (do grego Morfeu – deus dos sonhos).

Fazendo uma pequena modificação na fórmula química da morfina, ob tém-se a **heroína** que é uma droga semissintética, enquanto o ópio e a mo fina são opiáceos naturais.

A morfina

A morfina foi isolada pelo cientista alemão Friedrich W. Sertürner em 180 Ela atua no Sistema Nervoso Central e na musculatura visceral.

O principal efeito é analgésico, por isso seu largo emprego em medicin A morfina é capaz de aliviar dores extremamente fortes, razão pela qual Organização Mundial de Saúde libera aos médicos a prescrição dessa subs tância, mesmo sabendo de alguns efeitos indesejáveis que ela provoca.

É interessante chamar atenção para o fato de que a morfina não altera a percepção da sensação dolorosa em si. Na verdade, após ela ser ministrada, a dor persiste, porém não incomoda mais. Além disso, provoca sonolência, e se a pessoa estiver em ambiente confortável, terá a sensação ilusória de bem-estar, de paz.

Os efeitos indesejáveis são muitos: injetada em quantidade acima da indicada provoca agitação, náuseas, vômitos, secura na boca, as mãos e os pés parecem muito pesados. A respiração fica muito fraca, a pressão arterial diminui bruscamente, o indivíduo pode entrar em coma e, se não for atendido prontamente, pode morrer.

Na Europa e nos EUA, milhares de pessoas morrem por ano intoxicadas por morfina e heroína. No Brasil, o uso dos opiáceos não tem tanta difusão quando comparado com o de maconha, cocaína e *crack*.

A morfina leva a dependência, e quando os dependentes não a conseguem entram no doloroso processo de abstinência, apresentando náuseas, vômitos, diarreias, cólicas intestinais, corrimento nasal etc. A fase dos sintomas de abstinência pode durar até dez dias.

Um consumidor de morfina torna-se *tolerante* com o passar do tempo. Ele vai necessitar de uma quantidade cada vez maior do narcótico para ter a sensação de alívio de dor e bem-estar.

O QUE A FALTA FAZ

No caso dos opiáceos, os tão temidos sintomas da síndrome de abstinência – quando o organismo todo reclama mais droga – compõem, de fato, um quadro especialmente aterrador e merecem, por isso, considerações detidas. Inclusive porque, além de geradores de crimes, constituem um poderoso obstáculo a qualquer tentativa de recuperação do dependente. O sofrimento orgânico causado pela falta da droga é a prova mais completa da natureza física da dependência.

De oito a catorze horas depois que o opiáceo é suprimido, não aparecem sintomas. Logo depois, o dependente mostra nervosismo e inquietação. Então cai em sono agitado, que dura horas. Ao despertar boceja muito, tem secreção nasal intensa, transpiração e lacrimejamento. Com o tempo, a inquietação aumenta; 24 a 36 horas depois da última dose, o dependente já não consegue ficar quieto: muda de posição seguidamente, contrai pernas e braços, além de apresentar fortes cãibras inclusive dos músculos abdominais, bem como sensações alternadas de frio e calor. Inexplicavelmente, o doente manifesta uma reação típica quando lhe apresentam um pedaço de carne de galinha: ele se assusta e suas pupilas se dilatam (algo análogo ao pavor de água que acomete o hidrófobo). Bocejos, lacrimejamento, corrimento nasal e transpiração aumentam. O dependente só consegue ingerir líquidos. Tem vômito e diarreia. Verifica-se aumento da temperatura corporal e da pressão arterial.

Às 48 ou 72 horas de abstinência, os sintomas alcançam a intensidade máxima, depois começam a declinar. Durante uma ou duas semanas, o dependente permanece fraco e com insônia. Fraqueza e insônia, além de um nervosismo quase insuportável, podem durar meses.

A gravidade dos sintomas obviamente será muito maior se houver dependência cruzada. Os casos mais comuns são de opiáceos com álcool, cocaína ou barbitúricos.

Baseado em: VESPUCCI, E.F. & VESPUCCI, R. *O Revólver que Sempre Dispara.* São Paulo: Casa Amarela, 1999.

E no Brasil?

O uso de opiáceos e de xaropes à base de codeína não ultrapassa 1,0% de uso entre todos os estudantes pesquisados e, apenas em Salvador, observou-se tendência de aumento do *uso na vida* de opiáceos.

Atualmente, a mídia faz alarde para a possibilidade de "explosão de uso" da heroína no Brasil; porém os dados estatísticos disponíveis atualmente não permitem nenhuma indicação nesse sentido. (...)

As manchetes de jornais chamam a atenção para o aumento de uso de heroína em nossa população: "Heroína já preocupa" – Correio Braziliense de 16.10.97. Se a mídia funciona como propagandista do uso de determinadas drogas é questão em aberto. Porém é certo que os riscos de que a heroína possa ser droga de nosso convívio precisam urgentemente ser avaliados.

Capitais	(%)
Belém	0,8
Belo Horizonte	0,4
Brasília	1,1
Curitiba	0,6
Fortaleza	0,3
Porto Alegre	1,4
Recife	0,4
Rio de Janeiro	0,2
Salvador	0,9
São Paulo	0,5
Total	**0,7**

'Uso na vida' de opiáceos entre estudantes de 1º e 2º graus na rede estadual de dez capitais brasileiras. Dados de 1997.

Fonte: GALDURÓZ, J.C.F. *et al. Op. cit.*

Pense nisto:

A mídia funciona como um meio de difusão do uso de drogas ou como um poderoso repressor desse uso, devido às informações que veicula?

OS BARBITÚRICOS

Muitas pessoas têm dificuldade em dormir o número adequado de horas par sentir-se bem, isto é, têm insônia. A insônia prejudica a atividade diária e tra uma forte angústia.

Os barbitúricos, derivados do ácido barbitúrico (condensação de substân cias do ácido malônico e da ureia) foram durante muito tempo as principai drogas usadas para aliviar a insônia e dar uma qualidade de vida melhor par as vítimas desse mal.

O sono normal apresenta duas fases alternadas. Inicialmente, temos *sono ortodoxo*, onde se observa redução da pressão sanguínea, diminuiçã da frequência cardíaca, relaxamento muscular e diminuição da quantidad de sangue que irriga o cérebro. Em seguida, vem o *sono paradoxal*, ond ocorrem movimentos rápidos dos olhos, há sonhos, aumento da frequênci cardíaca, da pressão sanguínea e da irrigação do cérebro.

Os barbitúricos reprimem o sono paradoxal, que muitas vezes é respor sável pela insônia.

Com o consumo de barbitúricos, há o perigo da dependência e da conse quente necessidade de maiores doses para obter efeito.

Eles também podem provocar paralisia na atividade respiratória e cardí ca, além de uma depressão profunda. Como consequência, voluntária o involuntariamente, muitos morreram da ingestão de grandes quantidades d barbitúricos.

Hoje eles não são mais usados para curar insônia, sendo recomendado no tratamento de distúrbios convulsivos e na indução da anestesia gera Veronal, Amytal, Gardenal são alguns barbitúricos famosos.

Atualmente eles são substituídos por drogas benzodiazepínicas, que sã hipnóticas não barbitúricas. Nessa categoria encontram-se o Valium (dia zepam), o Librium (clorodiazepóxido), o Lorax (lorazepam) etc.

Essas drogas podem ser perigosas, pois inibem a atividade neuronal, pc dendo gerar, além de sono profundo, inconsciência e graves problema cardiorrespiratórios. Muitas vezes dependendo da dose ingerida, o usu ário tem tonturas, comprometiment da função mental (dá bobeira!) motora.

Outros efeitos colaterais qu muitas vezes acontecem são: ve tigem, náuseas, vômitos, diarrei incontinência urinária.

Uma dose excessiva de barbitúricos é especialmente perigosa quando tomada juntamente com álcool.

Os barbitúricos são classificados como depressores do Sistema Nervoso Central. São usados como medicamentos desde o início do século XX, atualmente seu uso terapêutico é restrito a alguns casos de crises convulsivas. (...)

As percentagens de *uso na vida* de barbitúricos têm se mostrado estáveis nos quatro levantamentos do CEBRID [87, 89, 93 e 97], nunca ultrapassando os 2,0% de usuários ao considerar-se o total de alunos entrevistados.

Porém, o *uso frequente* (seis vezes ou mais no mês) mostrou tendência de crescimento em Fortaleza (de 1,6% em 1987 para 2,0% em 1997). Por outro lado, o *uso pesado* de barbitúricos não ultrapassou os 0,2% em 1997.

Também não se nota predomínio de uso por um determinado sexo.

A dose terapêutica é relativamente próxima à letal; portanto, o potencial de provocar morte com seu uso é grande, principalmente se eles forem associados a outros depressores do Sistema Nervoso Central.

Capitais	(%)
Belém	0,7
Belo Horizonte	1,2
Brasília	1,1
Curitiba	1,4
Fortaleza	1,7
Porto Alegre	1,9
Recife	1,3
Rio de Janeiro	0,8
Salvador	1,2
São Paulo	0,7
Total	**1,2**

'Uso na vida' de barbitúricos entre estudantes de 1.º e 2º graus na rede estadual de dez capitais brasileiras. Dados de 1997.

Fonte: GALDURÓZ, J.C.F. *et al. Op. cit.*

OS SOLVENTES

O éter, o clorofórmio, a cola de sapateiro, os removedores de esmalte de unha, fluidos para isqueiro, gasolina, são substâncias voláteis e muito utilizadas pelos adolescentes para inalação e consequente entorpecimento.

Os "cheiradores de cola" costumam colocar cola dentro de um saco de plástico ou de papel e levá-lo à boca ou ao nariz. Os vapores são então inalados.

Essas substâncias têm um efeito geralmente sedativo sobre o Sistema Nervoso Central. Os efeitos em geral são tontura, descoordenação, ilusões, alucinações visuais e auditivas, sentimentos de onipotência e destemor.

Os efeitos imediatos – descoordenação, euforia etc. – ocorrem logo no início da inalação e perduram por 14-15 minutos depois que se pára de inalar.

OS PERIGOS DA INALAÇÃO

Os efeitos nocivos a longo prazo dos solventes voláteis variam com a substância usada. O benzeno, por exemplo, é altamente tóxico, provoca anemia e é nocivo ao coração, ao fígado e às glândulas supra-renais. O clorofórmio pode causar mudanças no ritmo cardíaco; mesmo quando usado por pessoal médico treinado, pode causar morte rápida em resultado de tais efeitos. A inalação de gasolina, ao que se sabe, provoca hemorragia pulmonar, irritação dos brônquios, anemia e paralisia dos nervos cranianos.

Mortes relacionadas a solventes podem resultar de a pessoa pôr em prática suas fantasias induzidas pela inalação. Sensações de onipotência podem levar a brigas, a dirigir carro com imprudência e a outros comportamentos perigosos. Alguns experimentam a ilusão de ser capazes de voar, e isso tem provocado suicídios involuntários quando os cheiradores saltam de penhascos ou janelas.

Baseado em: JAFFE, J. *et al. Op. cit.*

E no Brasil?

Os solventes ou inalantes são substâncias classificadas como depressoras do Sistema Nervoso Central, por ser este o principal efeito observado após o seu uso. Porém, tal como acontece com o álcool, apresentam efeito bifásico, ou seja, estimulação inicial do Sistema Nervoso Central (com euforia, excitação, podendo nesta fase aparecer alucinações) e após sobrevém depressão do SNC, podendo chegar ao coma e à morte, dependendo da quantidade de substância inalada.

(...) O abuso dessas substâncias é um problema de saúde pública. Estudos mostraram que essas substâncias são experimentadas em idades muito precoces (por volta dos 11 anos de idade), só perdendo para o uso inicial do álcool. (...) Provavelmente a facilidade de aquisição seja um importante aliado à sugestão dos amigos para usá-los.

(...) Exceto em Porto Alegre, onde a maconha apareceu em 1º lugar entre as drogas mais consumidas em 1997, nas demais cidades e em todos os outros levantamentos já realizados no Brasil, entre estudantes de 1º e 2º graus, os solventes sempre apareceram em primeiro lugar, muito distantes do segundo colocado. Assim é que o *uso na vida* de solventes aparece com 25,7% de uso entre todos os estudantes pesquisados no IV Levantamento do CEBRID.

Não há nítido predomínio de uso de solventes entre os sexos.

Uso de solventes entre estudantes de 1º e 2º graus na rede estadual de dez capitais brasileiras. Dados de 1997.

Capitais	Uso na Vida (%)	Uso Frequente (%)
Belém	12,4	1,4
Belo Horizonte	14,7	1,0
Brasília	14,7	1,1
Curitiba	14,4	1,4
Fortaleza	20,0	1,8
Porto Alegre	12,4	1,5
Recife	16,8	1,3
Rio de Janeiro	10,7	0,8
Salvador	11,3	2,1
São Paulo	10,9	0,8
Total	**13,8**	**1,3**

Fonte: GALDURÓZ, J.C.F. *et al. Op. cit.*

As estimulantes

AS ANFETAMINAS

As anfetaminas são drogas sintéticas, ou seja, não existem na natureza, são produzidas em laboratório. A primeira anfetamina foi produzida em 1928 e, inicialmente, foi comercializada para aliviar congestão nasal, diminuir apetite e curar alguns tipos de depressão. Anos mais tarde percebeu-se que seu uso indiscriminado gerava dependência e, daí, passou a haver um controle na comercialização, o que provocou uma diminuição de consumo.

As anfetaminas são drogas do tipo "estimulante" – atuam na região da sinapse, aumentando a liberação dos neurotransmissores dopamina e noradrenalina. Com isso, várias funções fisiológicas e comportamentais provocadas pela dopamina e noradrenalina ficam exacerbadas. O consumidor perde apetite e sono, fica muito ativo, muito inquieto, excessivamente extrovertido; enfim, fica em estado de hiperexcitabilidade.

Novamente temos que chamar a atenção para o fato de que não se deve transformar a anfetamina em recurso para emagrecimento rápido ou para aumentar a produtividade no trabalho. Uma dose excessiva pode provocar hiperexcitabilidade e o paciente pode ficar agressivo e apresentar delírios. Além disso, as anfetaminas provocam taquicardia e aumentam perigosamente a pressão arterial.

O uso contínuo causa dependência, tornando-se necessária uma dose cada vez maior para ter os efeitos desejados.

COMBATENDO A OBESIDADE

Talvez o uso mais difundido e atualmente mais controvertido das anfetaminas seja o do tratamento da obesidade. Porque tiram o apetite, as anfetaminas podem ajudar os pacientes a perder peso. A tolerância a esse efeito supressor do apetite costuma aparecer dentro de oito a doze semanas aproximadamente, de modo que o uso dessas drogas por mais tempo para fins dietéticos não produz efeito. Mas alguns médicos continuam a prescrevê-las e a distribuí-las por períodos de meses ou anos, a pretexto de tratar obesidade. O uso de anfetaminas para esse fim tem sido ferozmente atacado, e muitos países – entre os quais a Grã-Bretanha – têm proscrito sua utilização para quaisquer outros propósitos que não o de tratar narcolepsia e hiperatividade em crianças.

Fonte: JAFFE, J. *et al. Op. cit.*

E no Brasil?

Os anfetamínicos são substâncias usadas na clínica como moderadores do apetite (drogas anoréticas).

(...) Apesar dos perigosos efeitos colaterais e do risco de dependência, o consumo destas substâncias é elevado no Brasil.

(...) Assim como acontece para os ansiolíticos, os medicamentos anfetamínicos são nitidamente mais utilizados entre os estudantes do sexo feminino, quando comparados aos do masculino, tendência que se tem mantido ao longo dos anos. (...)

Neste IV Levantamento [sobre o Uso de Drogas entre Estudantes de 1º e 2º Graus], a análise da tendência do *uso frequente* (uso de seis vezes ou mais no mês) mostrou aumento em quatro capitais (Belém, Fortaleza, Porto Alegre e Recife).

O *uso pesado* (vinte vezes ou mais no mês) também apresentou tendência a crescimento em três capitais (Fortaleza, Porto Alegre e Recife).

Vale lembrar mais uma vez que esse *uso pesado* está próximo à dependência.

Uso de anfetaminas entre estudantes de 1º e 2º graus na rede estadual de dez capitais brasileiras. Dados de 1997.

Capitais	Uso na Vida (%)	Uso Frequente (%)
Belém	5,4	0,7
Belo Horizonte	3,6	0,5
Brasília	3,8	0,5
Curitiba	5,9	0,5
Fortaleza	4,4	0,8
Porto Alegre	6,6	1,3
Recife	4,7	0,7
Rio de Janeiro	4,1	0,5
Salvador	3,1	0,8
São Paulo	2,0	0,3
Total	**4,4**	**0,7**

Fonte: GALDURÓZ, J.C.F. *et al. Op. cit.*

Pense nisto:

Uma droga que eleva o moral e faz o usuário
se sentir mais competente, mais enérgico,
mais capaz de empreender um esforço prolongado
é candidata natural ao abuso. Desde que apareceram,
as anfetaminas têm sido usadas extensamente
para propósitos extramedicinais,
levando muitas pessoas à esquizofrenia paranoide.
Com todos esses efeitos sedutores, o que levaria alguém
a suspender o uso das anfetaminas?

A COCAÍNA

A cocaína é encontrada em alta concentração nas folhas de *Erithroxylon coca*. É um alcaloide cristalino, branco, que atua como estimulante do Sistema Nervoso Central.

O "chá de coca", preparado à base das folhas, é muito utilizado no Peru e na Bolívia. Nessa forma, a quantidade absorvida é muito pequena e, portanto, muito pouco chega ao cérebro.

Transformada em sal ("pó" ou "neve"), costuma ser inalada, ou injetada por via endovenosa (com uso de seringa). O sal de cocaína tratado com bicarbonato transforma-se no *crack*. Esse nome advém do barulho produzido quando a pasta de cocaína (sólida) se quebra em pequenos pedaços. O *crack* se volatiliza quando aquecido, sendo fumado em cachimbos.

Desde a antiguidade, as folhas de coca são mascadas pelos índios dos Andes em virtude de suas propriedades estimulantes.

Os primeiros conquistadores espanhóis viram nessas folhas um suplemento que permitia aos índios da região andina trabalhar mais. O uso medicinal que os índios faziam da coca foi o que atraiu a atenção dos conquistadores. Apesar disso, só em 1750 é que foram levadas para a Europa as primeiras amostras dessa planta, para um estudo mais sistemático.

Mas foi só a partir de 1860 que ela passou a atrair a atenção de todos. Nesse ano, Albert Niemann, trabalhando na Alemanha, isolou das folhas de coca uma nova substância, à qual deu o nome de "cocaína".

Local de atuação

Sinapse é o espaço entre dois neurônios. Nelas, neurotransmissores, como a dopamina e a noradrenalina, são liberados normalmente, permitindo que se processe a neurotransmissão, isto é, a passagem do impulso nervoso de uma célula nervosa para outra célula nervosa.

A cocaína eleva a quantidade desses neurotransmissores, tornando-se um estimulante do sistema nervoso.

Efeitos no organismo

Um consumidor de cocaína sente muita euforia, tem a sensação de ser muito forte, de ter muita energia, necessita dormir menos, fica mais atento aos acontecimentos em sua volta.

Ele se vê livre da ansiedade e do medo de um possível fracasso, a qualidade de seu trabalho melhora, o apetite diminui.

Por essa descrição, parece que a cocaína é a solução de parte dos problemas que nos afligem diariamente. Isto não é verdade, pois esse efeito desaparece rapidamente e aí vem apatia, tristeza, ansiedade, enfim os efeitos opostos aos acima descritos. Então o usuário volta a consumir a droga para retornar ao estado de euforia. Com isto instala-se um quadro clínico chamado de viciado crônico.

O viciado crônico

A pessoa perde apetite, tem alucinações – achando, por exemplo, que sua pele está sendo picada por animais ou que está sendo tomada por parasitas –, perde a capacidade de associar ideias, fica paranoica.

O sistema circulatório é afetado, o indivíduo passa a ter taquicardia e elevação da pressão arterial. O sistema respiratório também sofre alterações, e o uso excessivo da cocaína (*overdose*) pode levar à morte, por convulsões, falência cardíaca e parada respiratória.

A Influência do Grupo

O uso de drogas por parte de amigos e conhecidos, ao que se verificou, é um importante fator determinante da experimentação de uma droga por alguém. Por exemplo, alguns grupos étnicos fazem uso muito mais exteno do álcool do que outros. Na adolescência, a necessidade de nos conformarmos ao que os outros do nosso grupo estão fazendo costuma ser muito forte. Isso também se aplica ao consumo de drogas – ou ao *não* consumo de drogas – tanto quanto ao uso de jeans ou de um dado estilo de corte de cabelo.

Quando uma droga não é legalmente acessível, seus usuários principiantes são providos pelos amigos com quem aprenderam a usá-la. Aí está por que o uso ilícito de drogas tem sido descrito como uma espécie de doença contagiosa, que se alastra de usuário para usuário. Embora não devamos levar esse tipo de analogia longe demais, é preciso notar que mesmo o uso legalizado de drogas como o fumo e o álcool é inicialmente transmitido de um jovem para outro. Um vizinho pode recomendar a outro uma droga muito útil para os "nervos", prescrita pelo médico local.

Fonte: JAFFE, J. *et al. Op. cit.*

O CRACK

O efeito é muito mais rápido e forte que o da cocaína. Uma pesquisa demonstrou que 38,1% dos jovens que já usaram *crack* também se envolveram com tráfico, e 47,6% com polícia e prisão.

Ele é vendido em "pedras", que são fumadas em cachimbos, chegando rapidamente aos alvéolos pulmonares, cuja área de absorção é 200 vezes maior que a via nasal.

Em menos de um mês instala-se a dependência, o que leva muitos jovens a roubar e/ou prostituir-se para sustentar o vício. A degradação física é imediata, o usuário perde peso, não observa mais os mínimos princípios de higiene e de convívio social.

As sensações e os sintomas clínicos que [o *crack*] provoca são os mesmos da cocaína, inclusive a depressão da abstinência, porém com o *crack* é tudo muito mais violento e rápido. Na prática, observa-se que, enquanto a dependência química de um usuário de cocaína se instala num prazo de um a três anos, a do *crack* surge em meses ou mesmo semanas (certos pesquisadores chegam a falar em dias).

O uso costuma causar sérias insuficiências respiratórias, em razão da alta concentração do princípio ativo, do grande volume em geral inalado e das impurezas que costumam resultar da sua preparação.

A evolução do viciado é semelhante à do cocainômano, mas muitíssimo potencializada. Uma analogia: se a destruição provocada pela cocaína fosse comparada à das bananas de dinamite lançadas continuamente numa cidade, o *crack* representaria uma única bomba, mas atômica.

Baseado em: VESPUCCI, E.F. & VESPUCCI, R. *Op. cit.*

E no Brasil?

A cocaína e o *crack* têm sido as grandes "vedetes" da mídia entre as drogas ilícitas. Invariavelmente há manchetes de que está havendo um crescimento assustador e descontrolado do seu uso. Sabe-se que o Brasil é uma das principais rotas de cocaína em direção a Europa e Estados Unidos.

O uso dessa droga vem se popularizando entre os estudantes do 1º e 2º graus da rede pública de ensino (...).

O *uso frequente* (uso de seis vezes ou mais no mês) cresceu em oito capitais [de 1987 a 1997] (Belém, Belo Horizonte, Brasília, Curitiba, Fortaleza, Porto Alegre, Salvador e São Paulo). Da mesma forma, o *uso pesado* (uso de vinte vezes ou mais no mês) apresentou aumento da tendência de uso nessas oito capitais.(...) Em outros indicadores estatísticos, como internações hospitalares e apreensões de cocaína feitas pela Polícia Federal, os estudantes passaram a fazer mais uso dessa droga e, ao contrário do que se pensava até recentemente, de que o maior uso estava restrito a São Paulo e Rio de Janeiro, o uso está bem distribuído nas dez capitais estudadas. (...) Em Brasília, além do uso da pasta de coca (...), apareceu também o uso de "merla".

As baixas percentagens para uso de *crack* entre os estudantes das dez capitais podem estar traduzindo apenas que aqueles que começam a usar este tipo de droga perdem qualquer vínculo escolar, já que a dependência do *crack* é sempre muito severa.

Uso de cocaína entre estudantes de 1º e 2º graus na rede estadual de dez capitais brasileiras. Dados de 1997.

Capitais	Uso na Vida (%)	Uso Frequente (%)
Belém	1,5	0,6
Belo Horizonte	2,4	0,3
Brasília	3,1	0,5
Curitiba	2,8	0,5
Fortaleza	1,5	0,3
Porto Alegre	4,5	0,7
Recife	0,3	0,1
Rio de Janeiro	1,1	0,1
Salvador	1,2	0,9
São Paulo	1,8	0,3
Total	**2,0**	**0,4**

Fonte: GALDURÓZ, J.C.F. *et al. Op. cit.*

A Coca e o Crack nas Ruas

No ano de 1997, o CEBRID – Centro Brasileiro de Informações sobre Drogas Psicotrópicas – realizou um levantamento com o objetivo de acompanhar a tendência de uso ao longo do tempo das diferentes drogas psicotrópicas entre crianças e adolescentes em situação de rua em seis capitais brasileiras: Brasília, Fortaleza, Porto Alegre, Recife, Rio de Janeiro e São Paulo.

O número de usuários [de cocaína e derivados] aumentou significativamente em quase todas as capitais analisadas. Em São Paulo e Rio de Janeiro atingiram, em 1997, os índices de 50,0% e 51,7%, respectivamente, para *uso na vida.* (...) Também foi observado um número considerável de usuários em Brasília (34,4%), Porto Alegre (27,8%) e Recife (13,7%).

Além do aumento do número de usuários, também é interessante observar as peculiaridades regionais, quanto ao tipo de cocaína usado. O *crack* parece assumir um papel de destaque em São Paulo, enquanto no Rio de Janeiro o mais comum parece ser o cloridrato (pó), sendo relativamente raros os relatos de uso do *crack*. Em Recife e Porto Alegre, embora o uso de cocaína seja menos frequente, em geral o derivado mais comum é o pó, usado por via nasal.

Por outro lado, a *merla** foi o derivado predominante em Brasília (33,3%) não sendo citado seu uso nas demais capitais.

---

*merla é um derivado da cocaína obtido a partir da adição de produtos tóxicos – como ácido sulfúrico, metanol, gasolina, cal virgem, querosene etc. – à pasta básica da coca. De consistência pastosa, esse derivado da cocaína também é conhecido por *mela*, *mel* ou *melado*. Muitas vezes é fumada com maconha ou tabaco.

Fonte: NOTO, A.R., NAPPO, S., GALDURÓZ, J.C.F. *et al. IV Levantamento sobre o Uso de Drogas entre Crianças e Adolescentes em Situação de Rua de Seis Capitais Brasileiras – 1997.* São Paulo, Centro Brasileiro de Informações sobre Drogas Psicotrópicas – Departamento de Psicobiologia da Escola Paulista de Medicina, 1998.

Pense nisto:

O que leva uma pessoa com dinheiro, saúde, casa, família e amigos a se envolver com drogas?

O prazer proporcionado pela droga vale o risco de sofrer prisão de 3 a 15 anos em regime fechado?

O que faz um viciado em cocaína se recuperar, enquanto outros continuam a usar a droga, e ainda outros vão somar-se às estatísticas das tabelas de óbito?

As perturbadoras

A MACONHA

A planta da maconha, o cânhamo (*Cannabis sativa*), é originária da Ásia. Os chineses, há mais de 2 mil anos, a usavam como anestésico em diferentes cirurgias. Os muçulmanos há muitos anos já usavam essa droga como alucinógeno. A maconha foi trazida para o Ocidente e espalhou-se por todos os países, sendo hoje um grave problema social.

Em 1964 isolou-se a principal substância alucinógena da planta, o delta-9--tetrahidrocanabinol (THC).

Os efeitos da maconha dependem da quantidade absorvida, do tipo de preparação, da via de administração, da sensibilidade e do estado de espírito da pessoa no momento do uso.

Os primeiros efeitos surgem muito rápido, em minutos, e podem durar até 12 horas. A maconha não é uma substância estimulante, como a cocaína, e nem depressora, como o álcool e os narcóticos (morfina e heroína). Ela "perturba" a atividade cerebral. É em função disso que muitas vezes o consumidor apresenta um riso fácil, certo estado de bem-estar, perda da noção de tempo e espaço, e frequentemente é tomado de confusão mental. É a esse estado que os usuários se referem como: "estou numa boa!".

Esta é a parte romântica dos efeitos da maconha, pois seu uso constante gera um quadro mais sombrio e preocupante. Notam-se alterações visuais e auditivas, alteração da noção de tempo (minutos parecem horas), mudanças no conceito de espaço (objetos próximos parecem distantes), diminuição na capacidade de atenção, a memória falha, há fraqueza muscular, muita sonolência e a capacidade de aprendizagem é logo afetada desfavoravelmente. O usuário fica desagradável, ri de forma descontrolada e sem motivo, fala fora de hora; enfim, passa a se comportar como um psicótico.

Além disso, a boca e a garganta ficam secas, às vezes a pessoa sente tontura, nota-se aumento da frequência dos batimentos cardíacos e isso pode ser perigoso para os que já tenham algum problema cardíaco; há um aumento de apetite, principalmente para doces; a quantidade de espermatozóides diminui. Não é difícil entender por que alguns usuários que esperam a chamada "boa viagem" acabam tendo a "má viagem".

Alguns derivados da maconha têm efeitos terapêuticos: são recomendados no tratamento da quimioterapia – pois reduzem os vômitos e náuseas – e também como anticonvulsivos.

SEM MULHERES OU PALAVRÕES

O plantio de maconha se inicia com a chegada das chuvas, em fins de setembro e início de outubro, prosseguindo até janeiro. Dois meses após a semeadura, procede-se à "capação": quebra-se o broto terminal da planta, para que o desenvolvimento das folhas seja favorecido. Com isso, a planta assume a forma de um arbusto baixo. De acordo com a crença popular, a "capação" não deve ser feita na presença de mulheres, menos ainda quando menstruadas. O receio é que, ao tocar a planta, a mulher a faça "machiar", ou seja, murchar. Também não se deve assobiar ou dizer palavrões durante a "capação", nem visitar a plantação durante a noite, para não perturbar o sono das plantas, sob pena de elas "machiarem". (...)

Na colheita, dá-se preferência às plantas femininas, julgando-se que seus efeitos sejam mais potentes. Depois de colhidos, os pés de maconha são protegidos do sol, de modo que seu ressecamento se dê lentamente. Depois disso são expostos ao relento durante algumas noites, para que fiquem curtidos. Isso é necessário porque 95% do THC presente na planta está na forma de ácido farmacologicamente inativo. É no processo de ressecamento e curtume que o THC sofre modificações químicas, tornando-se psicoativo. A planta então seca e curtida é picada e prensada em tijolinhos, com peso entre 50 e 100 gramas.

Fonte: WEINTRAUB, M. *Sonhos e Sombras – A Realidade da Maconha.* São Paulo: HARBRA, 1983.

No levantamento de 1997 [entre estudantes de 1º e 2º graus de dez capitais do Brasil], embora a maconha apareça na segunda ou terceira posição, houve aumento da tendência do uso na vida. Esta unanimidade de crescimento de uso em todas as dez capitais só foi observada para esta droga.

Outro aspecto importante quanto ao uso da maconha entre os estudantes é a constatação de que, nas dez capitais pesquisadas, o sexo masculino usou mais que o feminino (diferença estatisticamente significativa).

A comparação dos quatro levantamentos [realizados em 1987, 1989, 1993 e 1997] mostrou que o *uso frequente* (uso de seis vezes ou mais no mês) e o *uso pesado* (uso de vinte vezes ou mais no mês) cresceram de maneira estatisticamente significativa.

Uso de maconha entre estudantes de 1º e 2º graus na rede estadual de dez capitais brasileiras. Dados de 1997.

Capitais	Uso na Vida (%)	Uso Frequente (%)
Belém	5,9	0,8
Belo Horizonte	7,2	1,4
Brasília	6,8	0,7
Curitiba	11,9	1,5
Fortaleza	7,8	1,2
Porto Alegre	14,4	1,9
Recife	4,8	0,4
Rio de Janeiro	4,6	0,5
Salvador	6,4	2,0
São Paulo	6,4	0,9
Total	**7,6**	**1,1**

Fonte: GALDURÓZ, J.C.F. *et al. Op. cit.*

O LSD-25

O LSD foi originalmente sintetizado em 1938 por dois químicos suíços. Mas foi só cinco anos depois que um dos codescobridores da droga, o dr. Albert Hofmann, tomou consciência das propriedades profundamente alteradoras da mente dessa droga. Numa tarde de primavera de 1943, o Dr. Hofmann ficou aflito, sentindo grande inquietude e tontura seguida por um leve delírio em que experimentou "visões fantásticas de uma vividez extraordinária, acompanhadas de uma representação calidoscópica de coloração intensa". Para verificar sua suspeita de que esses sintomas estranhos tinham sido produzidos pela ingestão inadvertida de LSD, Hofmann tomou outra "pequena" dose – 0,25 mg – da substância.

Os efeitos desta vez foram ainda mais impressionantes. Abrangiam não só as alterações visuais que ele tinha notado anteriormente, como também o fato de que "os sons eram transpostos em sensações visuais, de modo que cada tom ou ruído evocava uma pintura colorida específica que se alterava calidoscopicamente na forma e na cor".

Fonte: JAFFE, J. *et al. Op. cit.*

O LSD-25 (dietilamida do ácido lisérgico) é uma substância sintética, produzida em laboratório. Foi descoberta pelo cientista suíço Hoffman.

Não tem cheiro e nem gosto e a pessoa pode ingeri-lo sem saber. É um potente alucinógeno; basta uma pequena quantidade para provocar alterações no organismo.

Não é estimulante nem depressivo; pertence à classe dos "perturbadores" do sistema nervoso, provocando alterações no funcionamento do cérebro, pois interfere na ação da serotonina, importante neurotransmissor.

Efeitos no organismo

Efeitos psíquicos

Os efeitos psíquicos dependem da sensibilidade da pessoa, da dose, da expectativa, enfim de como está a "cabeça" do consumidor. Dessa forma as sensações podem ser agradáveis – como a combinação de cores brilhantes, mistura de sons incomuns, ilusões como de estar flutuando ou realizando desejos nunca concretizados – ou bastante desagradáveis.

Muitas vezes o LSD provoca alucinações e delírios, estados em que o usuário tem visões que geram pânico. Já foram descritos indivíduos, sob o efeito do LSD, sentindo uma terrível deformidade no corpo, como se seu organismo estivesse se desmanchando.

Efeitos físicos

Observa-se dilatação das pupilas, aumento da temperatura corporal, sudorese e um perigoso aumento da frequência cardíaca. Muitas vezes os usuários têm fortes náuseas e terminam vomitando muito.

É importante chamar atenção para um efeito muito frequente apresentado pelo consumidor contumaz da droga: a psicose do tipo esquizofrênico, onde o inconsciente "domina" o consciente e o indivíduo perde a noção da realidade.

Outro perigo, é a própria produção do LSD: fabricado em laboratórios clandestinos, sem nenhum cuidado técnico, põe em risco o usuário. Daí o fato de muitas pessoas morrerem ao ingeri-lo, pois estão consumindo "outra coisa" de efeito muito potente.

> A busca da paz interior é tão antiga
> como o próprio homem,
> embora seja tão atual quanto
> a sopa de letras das drogas produzidas
> pelos laborátorios modernos:
> LSD, PCP (pó dos anjos), THC...

E no Brasil?

Os alucinógenos são classificados como perturbadores do Sistema Nervoso Central, provocando alucinações e delírios. São exemplos o LSD-25 (ácido), chá de cogumelo e mescalina.

O uso dessas substâncias pelos estudantes [de 1º e 2º graus] pesquisados nos quatro levantamentos (87, 89, 93 e 97) não ultrapassou 1,0% dos alunos que relataram *uso na vida* de alucinógenos. Porém observa-se tendência de aumento do *uso na vida* de alucinógenos em Curitiba, passando de 0,3% em 1987 para 1,7% em 1997.

Embora essas drogas não provoquem síndrome de abstinência, as consequências de seu uso podem ser catastróficas em consequência das alucinações, e alguns autores defendem a ideia que essas drogas podem desencadear quadros psicóticos crônicos.

Capitais	(%)
Belém	0,2
Belo Horizonte	1,1
Brasília	0,8
Curitiba	1,7
Fortaleza	0,6
Porto Alegre	1,0
Recife	0,2
Rio de Janeiro	0,7
Salvador	0,7
São Paulo	0,6
Total	**0,8**

'Uso na vida' de alucinógenos entre estudantes de 1º e 2º graus na rede estadual de dez capitais brasileiras. Dados de 1997.

Fonte: GALDURÓZ, J.C.F. *et al. Op. cit.*

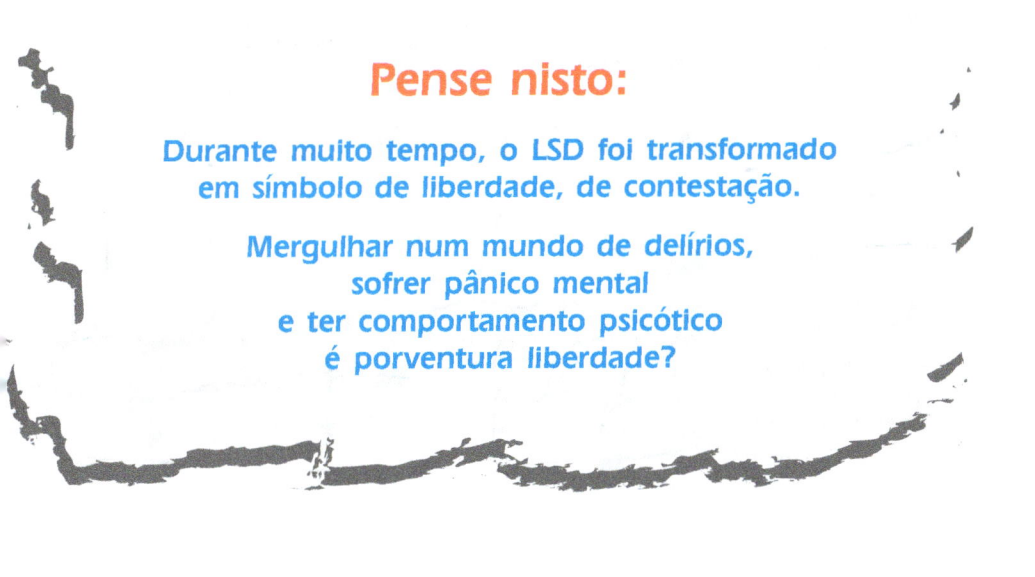

O ECSTASY

É uma droga sintética (metilena, dioximetanfetamina) que surgiu há pouco e lentamente está sendo introduzida no Brasil. Ela interfere no sistema nervoso agindo em vários neurotransmissores, entre eles a serotonina. Esta última é um neurotransmissor das células nervosas que geram sensação de bem-estar.

O *ecstasy* estimula a produção de serotonina, provocando inicialmente um estado de euforia. Mas, com o passar do tempo, o usuário passa a não produzir serotonina, a não ser que passe a ingerir quantidades cada vez maiores. A partir daí, é muito frequente o consumidor entrar em estado depressivo, de apatia, exatamente o contrário do efeito esperado.

Outro problema sério é que uma hora após a ingestão de uma dose de 100 miligramas dessa droga, o indivíduo terá aumentadas a frequência cardíaca e a pressão arterial, além de boca seca, náusea, sudorese e perda de apetite. Esses sintomas permanecem até 12 horas após a ingestão; os sintomas da depressão, no entanto, podem durar até vários dias.

Pense nisto:

Facilidade de acesso e baixo custo
porventura não tornam muito maior
a probabilidade de uma substância
vir a ser usada até os limites da dependência?

Em todo o mundo estão se procurando
meios práticos de minimizar o acesso às drogas,
quer através de formas legais,
quer através de formas punitivas.
Será que as pessoas de todas
as idades não precisarão reaprender
a encontrar satisfação na vida sem recorrer
a substâncias que lhes tragam
uma enganadora sensação de felicidade?

Belém

O gráfico mostra aumento na tendência de *uso na vida* como um todo e para solventes, maconha, anfetamínicos, ansiolíticos e cocaína, na comparação entre os quatro levantamentos.

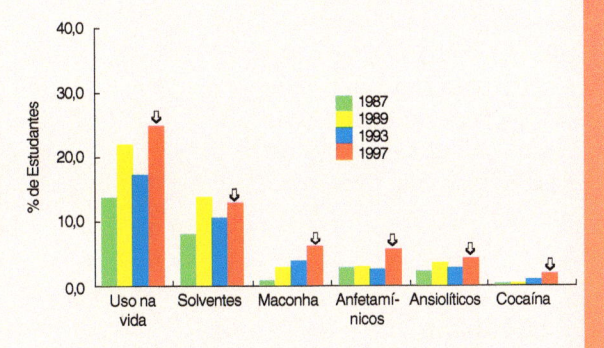

Belo Horizonte

O gráfico mostra aumento na tendência de *uso na vida* para maconha e cocaína; diminuição para solventes além de *uso na vida* como um todo, na comparação entre os quatro levantamentos.

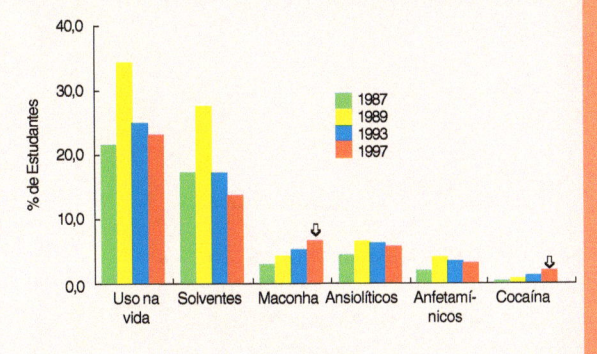

Baseado em: GALDURÓZ, J.C.F. *et al. Op. cit.*

45

Brasília

O gráfico mostra diminuição na tendência de uso de solventes e xaropes, porém observou-se aumento significativo do *uso na vida* como um todo e para maconha, ansiolíticos e cocaína, na comparação entre os quatro levantamentos.

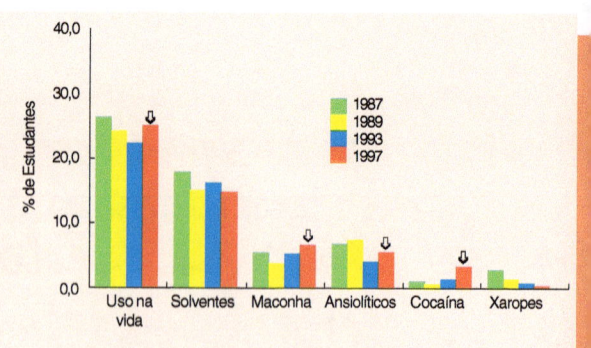

Curitiba

O gráfico mostra aumento na tendência de *uso na vida* como um todo e para solventes, maconha, ansiolíticos, anfetamínicos e cocaína, na comparação entre os quatro levantamentos.

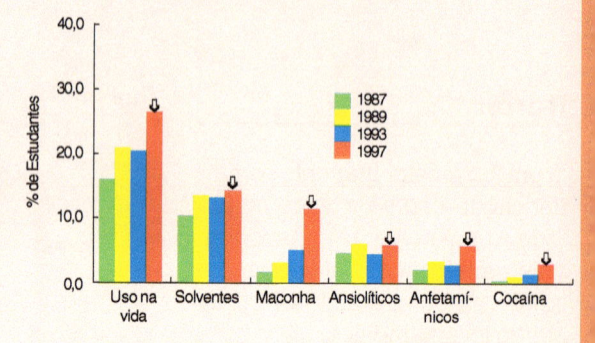

Fortaleza

O gráfico mostra aumento na tendência de *uso na vida* como um todo e para solventes, maconha, ansiolíticos, anfetamínicos e cocaína, na comparação entre os quatro levantamentos.

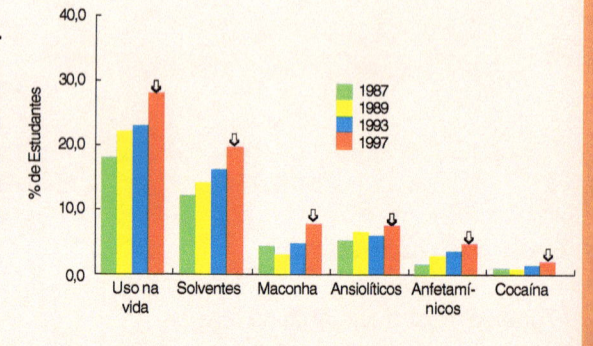

Porto Alegre

O gráfico mostra aumento na tendência de *uso na vida* como um todo e para maconha, ansiolíticos, anfetamínicos e cocaína, na comparação entre os quatro levantamentos.

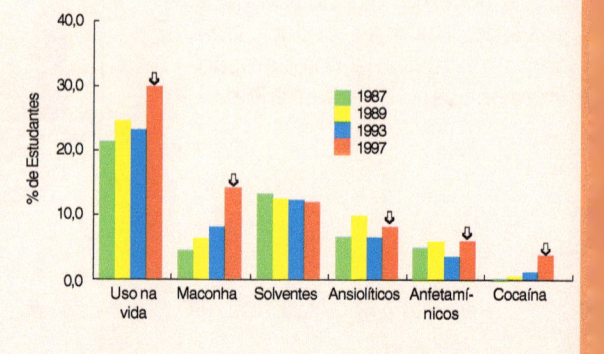

Recife

O gráfico mostra aumento na tendência de *uso na vida* para ansiolíticos, anfetamínicos, maconha e anticolinérgicos, na comparação entre os quatro levantamentos.

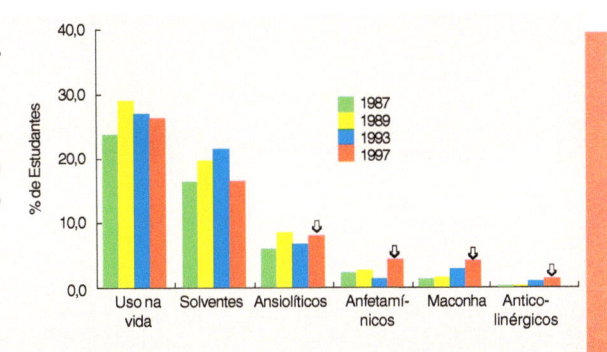

Rio de Janeiro

O gráfico mostra diminuição na tendência de *uso na vida* como um todo além de diminuição para solventes e ansiolíticos, porém houve aumento na tendência de uso para a maconha e anfetamínicos, na comparação entre os quatro levantamentos.

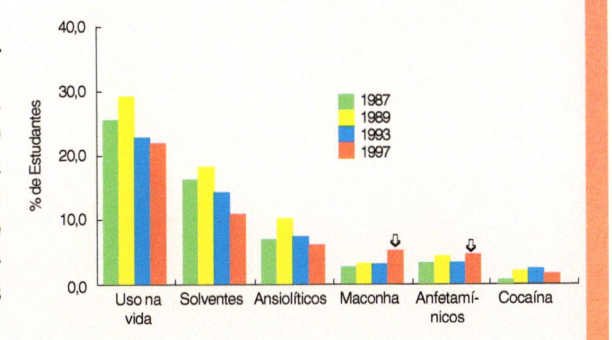

Salvador

O gráfico mostra diminuição na tendência de *uso na vida* de solventes, e aumento na tendência de *uso na vida* para maconha e cocaína, na comparação entre os quatro levantamentos.

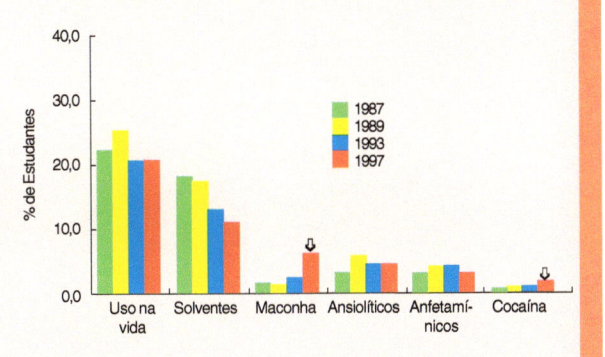

São Paulo

O gráfico mostra aumento na tendência de *uso na vida* para maconha, e diminuição na tendência de *uso na vida* para solventes, anfetamínicos, ansiolíticos e *uso na vida* como um todo, na comparação entre os quatro levantamentos.

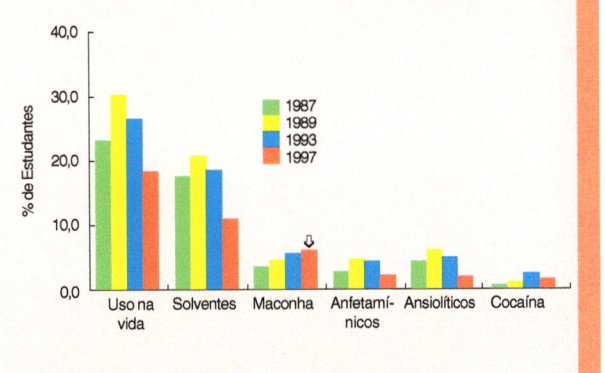